Μαθαίνω με τα Ζώα

Το Αλφάβητο
Γράμματα & Λέξεις

Παραμύθι και εικονογράφιση

Κάρμεν Ζέτα

Εκδόσεις Ανδρόγεως

Εκδόσεις Ανδρόγεως

Ελλάδα 2024

Πρώτη Εκδοση

Πνευματικά Δικαιώματα

ISBN: 978-1-913881-14-6

www.Androgeus.com

Βιογραφικό Σημείωμα

Η Κάρμεν Ζέτα γεννήθηκε στο Ιάσιο της Ρουμανίας, μία πανέμορφη και ιστορική πόλη, γνωστή για το ξεκίνημα της Ελληνικής Επανάστασης του 1821.

Πήρε το πτυχείο της Ιατρικής από το Πανεπιστήμιο Gr. T. Popa το 1987. Μετά την απόκτηση της ειδικότητος της καρδιολογίας στην Αθήνα, μετακόμισε στο Ηράκλειο της Κρήτης το 2000. Δούλεψε σχεδόν μία 20ετία στο Βενιζέλιο Γενικό Νοσοκομείο Ηρακλείου ως καρδιολόγος.

Η σχέση της με τη ζωγραφική ξεκίνησε από τα εφηβικά της χρόνια στην αρχή ως αυτοδίδακτη και μετέπειτα παρακολουθώντας πολλά εκπαιδευτικά σεμινάρια, ενώ έχει συμμετάσχει και σε έκθεση ζωγραφικής του Ιατρικού Συλλόγου Ηρακλείου το 2017 στη Βασιλική του Αγίου Μάρκου. Εχει επίσης λάβει μαθήματα ζωγραφικής δίπλα στο διεθνούς φήμης καλλιτέχνη Μπότη Θαλασσινό.

Το 2019 έγινε γιαγιά ενός κοριτσιού ονόματι Κάρμεν, που της έκλεψε την καρδιά για δεύτερη φορά στη ζωή της, όπως είχε ξανά αισθανθεί με τη γέννηση του μοναχογιού της Δημήτρη.

Η σειρά εκπαιδευτικών βιβλίων "Μαθαίνω με τα ζώα "είναι αφιερωμένη στη μικρή Κάρμεν και αποτελεί το έναυσμα για τη δημιουργία της.

Εισαγωγή

Η ιδέα αυτού του βιβλίου ξεκίνησε όταν σευνειδητοποίησα ότι πλέον πλησιάζει η ώρα του μεγάλου ταξιδιού της λατρεμένης εγγονής στον κόσμο των γραμμάτων, της γνώσης, της φαντασίας, και της δημιουργίας.
Η Θέλησή της για μάθηση, η δύναμη της ψυχής της που καθρεπτίζεται στα μεγάλα, όμορφα μάτια της γεμάτα απορίες, ήταν η έμπνευσή μου. Αυτή με οδήγησε βήμα-βήμα στη δημιουργία αυτού του βιβλίου.
Είναι το ελάχιστο που θα μπορούσα να κάνω, για να στηρίξω με όλη τη δύναμή μου τη θαυμάσια προσπάθειά της. Να γλυκαίνω όσο γίνεται τις δυσκολίες ενός ξεκινήματος, για αυτήν αλλά και για όλα τα παιδιά της ίδιας ηλικίας, και όχι μόνο, που μοιράζονται τις ίδιες αγωνίες, αλλά και τη μεγάλη χαρά του κάθε καινούριου ξεκινήματος. Αυτό το μικρό παραμύθι και οι ζωγραφιές, ελπίζω να αφυπνήσουν την επιθυμία να κατακτήσουν τα μυστικά ενός κρυμμένου θησαυρού που θα μείνει αποτυπωμένο στη μνήμη των παιδιών ως η πρώτη θαυμάσια εμπειρία ενός εκπαιδευτικού βιβλίου όπου τα γράμματα θα ζωντανέψουν και θα αποτελέσουν μέρος ενός κρυφού κώδικα που μόνο όσοι θα ξέρουν να τον αποκωδικοποιήσουν, θα μπορέσουν να λύσουν αμέτρητα μυστικά και θα τους ανοίξει ορίζοντες για την κατάκτηση των ονείρων τους... το μαγικό κώδικα της γλώσσας!

Παρόλο που δεν είμαι ούτε επαγγελματίας εικονογράφος ούτε συγγραφέας, είναι η αγάπη μιας γιαγιάς η οποία λατρεύει το εγγόνι της που με ώθησε στη δημιουργία αυτού του βιβλίου. Τίποτα πιο απλό και ειλικρινές, όπως η αγάπη πολλών εκατομμυρίων γιαγιάδων σε όλον τον κόσμο που βιώνουν τα ίδια συναισθήματα με εμένα.

Στο μικρό μας αστεράκι,
και σε όσους αγαπούν ειλικρινά.

Κάρμεν Ζέτα

Μια φορά και έναν καιρό ήταν μια μεγάλη οικογένεια πολλών διαφορετικών ζώων, που ζούσαν σε πολλά μέρη του κόσμου. Μερικά στην ίδια χώρα, άλλα σε διαφορετικές χώρες και ηπείρους, κάποια σε λίμνες, ποτάμια, θάλασσες, ωκεανούς, δάση, στην έρημο, σε φάρμες. Ήταν όλων των ειδών τα ζώα, θηλαστικά, πουλιά, έντομα, από τα πιο μικρά και εύθραυστα μέχρι γιγαντιαία σε ύψος και βάρος. Ζούσαν αγαπημένα, αρμονικά με τη φύση, αλλά είχαν ένα παράπονο...

Δεν μπορούσαν να συναντηθούν και προπαντός να επικοινωνήσουν μεταξύ τους, να μάθουν τα νέα τους, πώς περνάνε την ώρα τους, τι παιχνίδια παίζουν, λόγω της μεγάλης απόστασης που τα χώριζε.

Περνούσαν οι μέρες και η στεναχώρια τους μεγάλωνε. Μέχρι που μια μέρα όλα τα ζώα του δάσους ενός τροπικού νησιού αποφάσισαν να συγκεντρωθούν και να κάνουν μια συνέλευση για να βρουν μια λύση.

Αφού κατάφεραν παρά τις όποιες δυσκολίες να συναντηθούν, η συνέλευση ξεκίνησε...

Η πονηρή αλεπού πρότεινε να φωνάζουν δυνατά, ο παπαγάλος να μιλάει και να τραγουδάει, το δελφίνι να σφυρίζει, τα πουλιά να κελαηδούν...
Ο καθένας προσπαθούσε να επικοινωνήσει με τον άλλο με τους ήχους και τη γλώσσα που ήξερε φωνάζοντας όσο πιο δυνατά μπορούσε για να γίνει αντιληπτός. Κανείς όμως δε γνώριζε να γράφει, κανείς δεν είχε πάει σχολείο για να μάθει γράμματα, και αυτό δυσκόλευε την προσπάθειά τους.

Μετά από πολλή σκέψη η σοφή κουκουβάγια φώναξε:
"Το βρήκα! Το βρήκα! Ξέρω πώς θα επικοινωνήσουμε με τους συγγενείς και με τους φίλους μας απ' όλον τον κόσμο. Θα φτιάξουμε έναν κώδικα επικοινωνίας που θα αποτελείται από πολλά γράμματα. Κάθε ζώο θα χαρίσει το πρώτο γράμμα του ονόματός του για τη δμιουργία αυτού του κώδικα και θα τον ονομάζουμε «αλφάβητο». Με όλα τα γράμματα θα μπορέσουμε να γράφουμε λέξεις, μετά ολόκληρες προτάσεις. Έτσι, θα περιγράφουμε την καθημερινότητά μας, πώς περνάμε στο σχολείο, στις διακοπές μας με την οικογένειά μας ή με τους φίλους μας".

Όλοι συμφώνησαν με μεγάλη χαρά και το περιστέρι ανέλαβε να γίνει ο ίδιος ταχυδρόμος που θα αποστείλει όλα αυτά τα γράμματα και τις κάρτες στους συγγενείς και τους φίλους τους απ' όλον τον κόσμο.

Ας ξεκινήσουμε , λοιπόν, τη διαδρομή μας με το πρώτο κεφαλαίο γράμμα «Α» που μας το χάρισε η καλή μας Αγελάδα και με το «α» το μικρό, που μας το χάρισε το μωρό της.

Αγελάδα

Γράψε το γράμμα ακολουθώντας τις γραμμές του:

Γράψε το γράμμα χωρίς τη βοήθεια των γραμμών:

Δοκίμασε να γράψεις ολόκληρο το όνομα του ζώου ακολουθώντας τις γραμμές του:

Αγελάδα Αγελάδα Αγελάδα

Αγελάδα Αγελάδα Αγελάδα

Μπορείς να γράψεις ολόκληρο το όνομα του ζώου χωρίς τη βοήθεια των γραμμών;

Ββ

Βήτα

Βάτραχος

Γράψε το γράμμα ακολουθώντας τις γραμμές του:

Γράψε το γράμμα χωρίς τη βοήθεια των γραμμών:

Δοκίμασε να γράψεις ολόκληρο το όνομα του ζώου ακολουθώντας τις γραμμές του:

Βάτραχος   Βάτραχος

Βάτραχος   Βάτραχος

Μπορείς να γράψεις ολόκληρο το όνομα του ζώου χωρίς τη βοήθεια των γραμμών;

Γάτα

Γράψε το γράμμα ακολουθώντας τις γραμμές του:

γ γ γ γ γ γ γ γ γ

Γράψε το γράμμα χωρίς τη βοήθεια των γραμμών:

Δοκίμασε να γράψεις ολόκληρο το όνομα του ζώου ακολουθώντας τις γραμμές του:

Γάτα Γάτα Γάτα Γάτα Γάτα
Γάτα Γάτα Γάτα Γάτα Γάτα

Μπορείς να γράψεις ολόκληρο το όνομα του ζώου χωρίς τη βοήθεια των γραμμών;

Δελφίνι

Γράψε το γράμμα ακολουθώντας τις γραμμές του:

δ δ δ δ δ δ δ δ δ δ δ δ δ δ δ δ δ

Γράψε το γράμμα χωρίς τη βοήθεια των γραμμών:

Δοκίμασε να γράψεις ολόκληρο το όνομα του ζώου ακολουθώντας τις γραμμές του:

Δελφίνι   Δελφίνι   Δελφίνι

Δελφίνι   Δελφίνι   Δελφλινι

Μπορείς να γράψεις ολόκληρο το όνομα του ζώου χωρίς τη βοήθεια των γραμμών;

Ελέφαντας

Γράψε το γράμμα ακολουθώντας τις γραμμές του:

Γράψε το γράμμα χωρίς τη βοήθεια των γραμμών:

Δοκίμασε να γράψεις ολόκληρο το όνομα του ζώου ακολουθώντας τις γραμμές του:

Ελέφαντας   Ελέφαντας
Ελέφαντας   Ελέφαντας

Μπορείς να γράψεις ολόκληρο το όνομα του ζώου χωρίς τη βοήθεια των γραμμών;

Ζέβρα

Γράψε το γράμμα ακολουθώντας τις γραμμές του:

Γράψε το γράμμα χωρίς τη βοήθεια των γραμμών:

Δοκίμασε να γράψεις ολόκληρο το όνομα του ζώου ακολουθώντας τις γραμμές του:

Ζέβρα Ζέβρα Ζέβρα Ζέβρα

Ζέβρα Ζέβρα Ζέβρα Ζέβρα

Μπορείς να γράψεις ολόκληρο το όνομα του ζώου χωρίς τη βοήθεια των γραμμών;

Ημίονος

Γράψε το γράμμα ακολουθώντας τις γραμμές του:

Γράψε το γράμμα χωρίς τη βοήθεια των γραμμών:

Δοκίμασε να γράψεις ολόκληρο το όνομα του ζώου ακολουθώντας τις γραμμές του:

Ημίονος Ημίονος Ημίονος
Ημίονος Ημίονος Ημίονος

Μπορείς να γράψεις ολόκληρο το όνομα του ζώου χωρίς τη βοήθεια των γραμμών;

Θαλάσσιος Ελέφαντας

Γράψε το γράμμα ακολουθώντας τις γραμμές του:

Γράψε το γράμμα χωρίς τη βοήθεια των γραμμών:

Δοκίμασε να γράψεις ολόκληρο το όνομα του ζώου ακολουθώντας τις γραμμές του:

Θαλάσσιος Ελέφαντας

Θαλάσσιος Ελέφαντας

Μπορείς να γράψεις ολόκληρο το όνομα του ζώου χωρίς τη βοήθεια των γραμμών;

Ιππόκαμπος

<u>Γράψε το γράμμα ακολουθώντας τις γραμμές του:</u>

<u>Γράψε το γράμμα χωρίς τη βοήθεια των γραμμών:</u>

<u>Δοκίμασε να γράψεις ολόκληρο το όνομα του ζώου ακολουθώντας τις γραμμές του:</u>

Ιππόκαμπος   Ιππόκαμπος

Ιππόκαμπος   Ιππόκαμπος

<u>Μπορείς να γράψεις ολόκληρο το όνομα του ζώου χωρίς τη βοήθεια των γραμμών;</u>

Καμηλοπάρδαλη

Γράψε το γράμμα ακολουθώντας τις γραμμές του:

Κ Κ Κ Κ Κ Κ Κ Κ Κ Κ Κ Κ Κ

Γράψε το γράμμα χωρίς τη βοήθεια των γραμμών:

Δοκίμασε να γράψεις ολόκληρο το όνομα του ζώου ακολουθώντας τις γραμμές του:

Καμηλοπάρδαλη

Καμηλοπάρδαλη

Μπορείς να γράψεις ολόκληρο το όνομα του ζώου χωρίς τη βοήθεια των γραμμών;

Λιοντάρι

Γράψε το γράμμα ακολουθώντας τις γραμμές του:

Γράψε το γράμμα χωρίς τη βοήθεια των γραμμών:

Δοκίμασε να γράψεις ολόκληρο το όνομα του ζώου ακολουθώντας τις γραμμές του:

Μπορείς να γράψεις ολόκληρο το όνομα του ζώου χωρίς τη βοήθεια των γραμμών;

Μέδουσα

<u>Γράψε το γράμμα ακολουθώντας τις γραμμές του:</u>

μ μ μ μ μ μ μ μ μ μ μ μ μ μ μ

<u>Γράψε το γράμμα χωρίς τη βοήθεια των γραμμών:</u>

<u>Δοκίμασε να γράψεις ολόκληρο το όνομα του ζώου ακολουθώντας τις γραμμές του:</u>

Μέδουσα Μέδουσα

Μέδουσα Μέδουσα

<u>Μπορείς να γράψεις ολόκληρο το όνομα του ζώου χωρίς τη βοήθεια των γραμμών;</u>

Νυφίτσα

Γράψε το γράμμα ακολουθώντας τις γραμμές του:

Γράψε το γράμμα χωρίς τη βοήθεια των γραμμών:

Δοκίμασε να γράψεις ολόκληρο το όνομα του ζώου ακολουθώντας τις γραμμές του:

Νυφίτσα Νυφίτσα Νυφίτσα

Νυφίτσα Νυφίτσα Νυφίτσα

Μπορείς να γράψεις ολόκληρο το όνομα του ζώου χωρίς τη βοήθεια των γραμμών;

Ξιφίας

<u>Γράψε το γράμμα ακολουθώντας τις γραμμές του:</u>

<u>Γράψε το γράμμα χωρίς τη βοήθεια των γραμμών:</u>

<u>Δοκίμασε να γράψεις ολόκληρο το όνομα του ζώου ακολουθώντας τις γραμμές του:</u>

<u>Μπορείς να γράψεις ολόκληρο το όνομα του ζώου χωρίς τη βοήθεια των γραμμών;</u>

Ορκα

<u>Γράψε το γράμμα ακολουθώντας τις γραμμές του:</u>

<u>Γράψε το γράμμα χωρίς τη βοήθεια των γραμμών:</u>

<u>Δοκίμασε να γράψεις ολόκληρο το όνομα του ζώου ακολουθώντας τις γραμμές του:</u>

Όρκα Όρκα Όρκα Όρκα

Όρκα Όρκα Όρκα Όρκα

<u>Μπορείς να γράψεις ολόκληρο το όνομα του ζώου χωρίς τη βοήθεια των γραμμών;</u>

Πιγκουίνος

<u>Γράψε το γράμμα ακολουθώντας τις γραμμές του:</u>

<u>Γράψε το γράμμα χωρίς τη βοήθεια των γραμμών:</u>

<u>Δοκίμασε να γράψεις ολόκληρο το όνομα του ζώου ακολουθώντας τις γραμμές του:</u>

Πιγκουίνος   Πιγκουίνος

Πιγκουίνος   Πιγκουίνος

<u>Μπορείς να γράψεις ολόκληρο το όνομα του ζώου χωρίς τη βοήθεια των γραμμών;</u>

Ρινόκερος

<u>Γράψε το γράμμα ακολουθώντας τις γραμμές του:</u>

<u>Γράψε το γράμμα χωρίς τη βοήθεια των γραμμών:</u>

<u>Δοκίμασε να γράψεις ολόκληρο το όνομα του ζώου ακολουθώντας τις γραμμές του:</u>

Βάτραχος   Βάτραχος

Βάτραχος   Βάτραχος

<u>Μπορείς να γράψεις ολόκληρο το όνομα του ζώου χωρίς τη βοήθεια των γραμμών;</u>

Σκύλος

<u>Γράψε το γράμμα ακολουθώντας τις γραμμές του:</u>

<u>Γράψε το γράμμα χωρίς τη βοήθεια των γραμμών:</u>

<u>Δοκίμασε να γράψεις ολόκληρο το όνομα του ζώου ακολουθώντας τις γραμμές του:</u>

Σκύλος Σκύλος Σκύλος

Σκύλος Σκύλος Σκύλος

<u>Μπορείς να γράψεις ολόκληρο το όνομα του ζώου χωρίς τη βοήθεια των γραμμών;</u>

Τίγρης

Γράψε το γράμμα ακολουθώντας τις γραμμές του:

Γράψε το γράμμα χωρίς τη βοήθεια των γραμμών:

Δοκίμασε να γράψεις ολόκληρο το όνομα του ζώου ακολουθώντας τις γραμμές του:

Μπορείς να γράψεις ολόκληρο το όνομα του ζώου χωρίς τη βοήθεια των γραμμών;

Ὕαινα

<u>Γράψε το γράμμα ακολουθώντας τις γραμμές του:</u>

<u>Γράψε το γράμμα χωρίς τη βοήθεια των γραμμών:</u>

<u>Δοκίμασε να γράψεις ολόκληρο το όνομα του ζώου ακολουθώντας τις γραμμές του:</u>

Υαινα Υαινα Υαινα Υαινα

Υαινα Υαινα Υαινα Υαινα

<u>Μπορείς να γράψεις ολόκληρο το όνομα του ζώου χωρίς τη βοήθεια των γραμμών;</u>

Φλαμίνγκο

Γράψε το γράμμα ακολουθώντας τις γραμμές του:

φ φ φ φ φ φ φ φ φ φ φ φ

Γράψε το γράμμα χωρίς τη βοήθεια των γραμμών:

Δοκίμασε να γράψεις ολόκληρο το όνομα του ζώου ακολουθώντας τις γραμμές του:

Φλαμίνγκο Φλαμίνγκο

Φλαμίνγκο Φλαμίνγκο

Μπορείς να γράψεις ολόκληρο το όνομα του ζώου χωρίς τη βοήθεια των γραμμών;

Χταπόδι

Γράψε το γράμμα ακολουθώντας τις γραμμές του:

Γράψε το γράμμα χωρίς τη βοήθεια των γραμμών:

Δοκίμασε να γράψεις ολόκληρο το όνομα του ζώου ακολουθώντας τις γραμμές του:

Χταπόδι   Χταπόδι   Χταπόδι

Χταπόδι   Χταπόδι   Χταπόδι

Μπορείς να γράψεις ολόκληρο το όνομα του ζώου χωρίς τη βοήθεια των γραμμών;

Ψάρι

Γράψε το γράμμα ακολουθώντας τις γραμμές του:

Γράψε το γράμμα χωρίς τη βοήθεια των γραμμών:

Δοκίμασε να γράψεις ολόκληρο το όνομα του ζώου ακολουθώντας τις γραμμές του:

Μπορείς να γράψεις ολόκληρο το όνομα του ζώου χωρίς τη βοήθεια των γραμμών;

Ὦτος

<u>Γράψε το γράμμα ακολουθώντας τις γραμμές του:</u>

ω ω ω ω ω ω ω ω ω ω ω ω

<u>Γράψε το γράμμα χωρίς τη βοήθεια των γραμμών:</u>

<u>Δοκίμασε να γράψεις ολόκληρο το όνομα του ζώου ακολουθώντας τις γραμμές του:</u>

Ωτος Ωτος Ωτος Ωτος

Ωτος Ωτος Ωτος Ωτος

<u>Μπορείς να γράψεις ολόκληρο το όνομα του ζώου χωρίς τη βοήθεια των γραμμών;</u>